溫暖人間系列10

呼吸日記

一行禪師 著

士嚴
楊一遙 譯

我立志，充滿真誠地說話，用能夠培養自
信、喜悅和希望的語言。

—— 一行禪師

作者簡介

一行禪師，1926年生於越南，十六歲時在慈孝寺出家，畢生致力推廣正念修習，1982年在法國創立了梅村（Plum Village）道場。禪師是詩人、學者以及和平推動者。越戰期間，積極提倡非暴力和平運動，實踐入世佛教。禪師對於和平的信念和行動，深深感動黑人民權領袖馬丁路德‧金，他稱禪師為「謙卑忘我的聖人」，並提名禪師為諾貝爾和平獎得主。在西方期間，禪師繼續幫助越南船民和貧困家庭，同時將佛教融入西方文化，更新佛教。禪師現居於法國梅村，並到世界各地教導正念生活的藝術，將佛法應用在日常生活中。禪師於2007年訪港帶領禪修活動後，在香港設立梅村修習中心。一行禪師為國際尊崇的心靈導師，著作超過一百本，影響深遠。2010年，禪師再訪香港，出版《放下心中的牛》，廣受傳媒及社會各界人士關注，並於2011年成立亞洲應用佛學院。2013年，禪師再臨香江舉行禪修活動，2014年出版《步步幸福》及《呼吸日記》。

梅村正念修習中心網頁：www.pvfhk.org。

吸氣，我覺知到我在吸氣；
呼氣，我覺知到我在呼氣。
當入息轉深時，
出息漸漸轉慢。

吸氣，我覺知到我在吸氣。
呼氣，我覺知到我在呼氣。

吸氣，我安住於當下。

呼氣，我知道當下是美妙的一刻。

吸氣，能夠擁抱著心愛的人，我真幸福。

呼氣，我知道她仍活在我懷裡。

吸氣，我放鬆身體。
呼氣，我微笑。

情緒起伏，
就像隨風聚散的雲。
正念的呼吸，
便是我的船錨。

吸氣，我看到自己猶如花朵。
呼氣，我感到清新。

吸氣，我看到自己猶如高山。

呼氣，我感到安穩。

吸氣，我看到自己猶如靜止的水。
呼氣，我反照事物的本來面目。

吸氣，我看到自己猶如無盡的空間。

呼氣，我感到自在。

「內」是由「外」造成的。
當我們接觸自己的皮膚時，
我們也在接觸身體內的「地、水、火、風」四大元素。
同時，我們知道這些元素也在我們的身體外存在。
深入覺察，我們發現太陽也在我們的心裡。

吸氣，我微笑。

呼氣，我放下。

吸氣，我是一朵盛開的鮮花。
呼氣，我清涼如一滴露水。

體驗喜悅，我**吸氣**。
體驗平安，我呼氣。

吸氣，我的身體和感覺安寧。

呼氣，我輕鬆地做每件事。

早上醒來，我微笑。
在我的面前，是嶄新的二十四小時。
我發願以慈眼視眾生，珍惜每一刻。

吸氣，對，對，對。
呼氣，感恩，感恩，感恩。

吸氣，我已到了。

呼氣，我已到家了。

吸氣，我感到喜悅。

呼氣，我感到平安。

當我們播下喜悅的種子、
轉化痛苦的種子時，
理解、愛和慈悲便會在心田中綻放。

吸氣，我放下憂慮和緊張。
呼氣，我感到平安。

吸氣，我的入息轉深。

呼氣，我的出息轉慢。

吸氣，我覺察全身。
呼氣，我放鬆全身。

吸氣，我知道我仍活著。

呼氣，我感覺到活著的喜悦。

宇宙中千萬條臍帶，
將我們與世上萬物連結，
讓我們得以生存。

吸氣，我敞開心扉去深觀我的恐懼。

呼氣，我可以從恐懼中解脫。

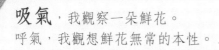

吸氣，我觀察一朵鮮花。

呼氣，我觀想鮮花無常的本性。

吸氣，我深觀我的慾望的對象。

呼氣，我看到慾望消失。

吸氣，我觀察一個浪花的來去。

呼氣，我觀想無來無去。

當我們照顧好當下一刻時，
我們亦在照顧著未來。
為未來的和平而工作，
即是為當下的和平工作。

吸氣，我覺知到這個身體並不是我。

呼氣，我並不執著於這個身體。

吸氣，我知道我在出生前經已存在。

呼氣，我知道我死後仍會繼續存在。

吸氣，我覺察全身。

呼氣，我平靜全身。

吸氣，我感到快樂。

呼氣，快樂佈滿我身邊每一個角落。

呼吸是對治傷心、煩惱、恐懼和憤怒最好的方法。你可以於行、住、坐、臥中修習，也能在風光怡人的郊外，在大自然中修習。在清新的空氣中躺下，或在草地上坐下，或緩步慢行，專注於入息和出息。呼吸能療癒我們，並能帶來喜悅。當你覺察你的呼吸，你便能在當下找到你真正的家。

吸氣，我感到幸福。

呼氣，幸福佈滿我身邊每一個角落。

吸氣，我覺知我的入息轉深。

呼氣，我覺知我的出息轉慢。

吸氣使我變得平靜。
呼氣使我變得輕鬆。

吸氣，我覺知我在吸氣。

呼氣，我覺知我在呼氣。

如果你能活好你生命中的一刻，
你便能學會如何過好你的一生。

吸氣使我變得平靜。
呼氣使我變得自在。

吸氣，我的入息轉深。
呼氣，我的出息轉慢。

覺察著我的身體，我吸氣。

放鬆著我的身體，我**呼氣**。

讓我們快樂的元素已經有很多。大地給予我們無比的愛和忍；充
滿正念的漫步，花朵、樹木、草叢、陽光，帶給我們無限滋養。
我們依賴大地，大地擁抱著我們。在我們眼中，大地是清新、嫩
綠的，還是乾旱、貧瘠的，這取決於我們如何在上面行走。請輕
柔的邁開步子。

放鬆身體，我**吸氣**。
照顧身體，我呼氣。

對我的身體微笑，我吸氣。
身體感覺到輕安自在，我**呼氣**。

對我的身體微笑，我**吸氣**。
放鬆身體的緊張，我呼氣。

正念是一種能量，
讓我們深深地活在此時此刻。

活著的每一刻猶如一顆寶石，
它的光芒穿越大地、天空和雲朵，
而萬物也在這顆寶石之中。

感受活著的喜悅，我吸氣。
感到快樂，我**呼氣**。

活在當下，我**吸氣**。
享受當下，我呼氣。

覺察到我安穩的坐姿，我**吸氣**。
享受我安穩的坐姿，我呼氣。

覺察到我的雙眼，我吸氣。
覺察著光明，我**呼氣**。

吸氣，我感受我強烈的情緒。
呼氣，我微笑。
我跟隨我的呼吸，
使我不致迷失。

覺察到我的耳朵，我吸氣。
覺察著聲音，我**呼氣**。

覺察到我的耳朵，我**吸氣**。
覺察著雨聲，我呼氣。

覺察到我的耳朵，我吸氣。
覺察著寧靜，我呼氣。.

覺察到我的肌膚，我**吸氣**。
覺察著陽光灑在肌膚上，我呼氣。

一個微笑能使你變得清新，
鞏固你的修行。
不要吝嗇你的微笑。

覺察到我的肌膚，我**吸氣**。
覺察著冷水流動在肌膚上，我呼氣。

覺察到我的肌膚，我吸氣。
覺察著身體觸碰著樹，我**呼氣**。

覺察到我的肺部，我吸氣。
覺察著小草的香味，我**呼氣**。

覺察到我的肺部，我**吸氣**。
覺察著海水的氣味，我呼氣。

與同修們一起，
猶如河流一樣的奔流，最終一定能流進大海。

覺察到我的雙腳，我**吸氣**。
覺察著腳底下的青草，我呼氣。

覺察到我的雙腳，我**吸氣**。
覺察著肥沃的大地，我呼氣。

覺察到我的身體，我吸氣。

對我的身體微笑，我**呼氣**。

覺察到心中所想的事物，我吸氣。
對心中所想的事物微笑，我**呼氣**。

你在我中，我在你中。
你照顧著你的花朵，令我變得更美麗。

體驗痛苦的情緒，我吸氣。
對心中的痛苦微笑，我**呼氣**。

體驗強烈的情緒，我**吸氣**。
對強烈的情緒微笑，我呼氣。

感受喜悅，我**吸氣**。
對我的喜悅微笑，我呼氣。

體驗自由的喜悅，我吸氣。
對自由的喜悅微笑，我**呼氣**。

當我們平安，當我們快樂，我們便能像鮮花一樣綻放。
我們的家庭和社會裡的每一個人也能夠從我們的平安中獲益。

體驗放下的喜悅，我**吸氣**。
對放下的喜悅微笑，我呼氣。

覺察海上的一個浪花，我吸氣。
對海上的浪花微笑，我**呼氣**。

覺察浪花中的海水，我吸氣。
對浪花中的海水微笑，我**呼氣**。

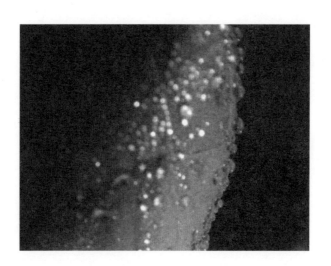

我發願增長我的了解，
藉以和人、動物、植物
和礦物和平共處。

我發願增長我的慈悲，
藉以保護人、動物、植物
和礦物的生命。

觀察一個浪花升起，我**吸氣**。
對升起的浪花微笑，我呼氣。

觀察一個浪花的消失，我**吸氣**。
對消失的浪花微笑，我呼氣。

覺察著鮮花的香味，我吸氣。
覺察著鮮花的美，我**呼氣**。

覺察著鮮花之中的陽光，我**吸氣**。
覺察著鮮花中的雨點，我呼氣。

我的雙腳輕鬆踏在大地上。步步安樂行。

覺察著腳下的秋葉，我**吸氣**。
看到秋葉中相即的本性，我呼氣。

覺知到我正在此時此地活著，我吸氣。
覺察到生命相即的本性，我**呼氣**。

覺察到回歸大地的葉子，我**吸氣**。
看著葉子以千種萬種方式重新示現，我呼氣。

覺知到我是一切之中的一部分，我吸氣。

覺知到我能以不同方式示現，我**呼氣**。

聆聽，聆聽。

這美妙的聲音，
把我帶回我真正的家。

禪修練習

意識呼吸

一呼一吸,覺知氣息進出鼻子,感受呼吸是如何的輕鬆自然、平靜安詳。任何時候,無論是當你在走路、做園藝、打字,還是做其他事情,你都可以回到生命中平安祥和之源——**呼吸**。

你可以默念:
吸氣,我知道我在吸氣。
呼氣,我知道我在呼氣。

如果你能跟隨整個出入息,你的思考會停下來,頭腦就有機會休息。「吸氣,我知道我在吸氣」,這並不是讓你想,而是讓你覺察到正在發生的事,就是你在呼吸。吸氣時,專注於入息,你將心帶回身體,身心合一。只是一個入息,就能把你的心帶回身體。身心一體,你才真正活在當下。

如此修習觀呼吸,你能感受到生命的美妙。生命的美滋養你。覺知呼吸、覺知身體,放下擔憂與恐懼。你的身體是個奇蹟,你的雙眼也是個奇蹟。

放鬆身體所有肌肉,不要掙扎。有些人在禪坐10至15分鐘後感到全身疼痛,那是因為他們過於用力,想在坐禪時能夠成功。放鬆吧,就像坐在海邊望著大海一樣。坐下來後,開始跟隨你的出入息。每當感受生起,就覺察那感受。每當念頭生起,就覺察、識別那念頭。坐禪時觀察身心的狀態,你會有很多發現。對很多人來說,坐禪是讓我們停下來的機會,不需要做些什麼。沒有任何事要做,只是享受安坐和呼吸。

不要嘗試成佛，接受現在的你。即使身體有些緊張，心有些痛楚，接受自己是這樣。以正念呼吸的能量擁抱你的身心。停留在放鬆的姿勢，享受一呼一吸。

你無須再到處奔跑了，真正的家就在此時此地。你安穩、自在。微笑，放鬆臉上所有肌肉。

坐禪

坐禪幫助我們回到真正的家園，全心全意關注和照顧自己。每次當我們坐下來，無論是在客廳、樹下，蒲團上，我們都像佛壇上的佛像一樣散發著平安寧靜。完全專注於自己內在和周圍發生的事，我們的心變得廣闊、柔軟、和藹。如此坐幾分鐘，你會完全恢復體力精神。當我們平靜的坐著，覺知呼吸，微微笑，我們是真正的自己，是自己的主人。這樣坐禪，在整個過程中你都感覺輕鬆幸福。坐禪不是件苦差，它是享受獨處，或者和家人、同修、大地、天空、宇宙同在的機會，坐禪是毫不費力的。

如果坐在蒲團上，要選擇高度適中、能夠支撐你身體的蒲團。蓮花坐或半蓮花坐，或者散盤雙腿都可以，只要你感到舒適就成了。保持背部挺直，雙手疊著放在大腿上。如果是坐在椅子上的話，雙腳平放在地上或蒲團上。坐禪時如果腳開始麻痺或疼痛，你可以帶著覺察地轉換姿勢。覺知呼吸，保持專注，慢慢改變坐姿。

聽鐘聲

有時我們需要借助某些聲音來提醒自己回到有意識的呼吸，我們稱這些聲音為「覺醒之鐘」。鐘聲可以幫助我們回到自身，回到當下此刻。鐘聲是幫助我們覺醒、回到自身的朋友和菩薩。

在家裡，我們可以利用電話鈴聲、附近的教堂鐘聲、嬰兒的哭聲，甚至是警報器或汽車防盜鐘聲作為正念之鐘。只需有意識的呼吸三次，就可以釋放身心緊張，回復清新愉悅的狀態。按照我們的傳統，我們不說「撞鐘」，我們說「請鐘」，負責請鐘的人就是請鐘師，用來請鐘的木棒是「邀請者」。鐘的種類有很多，大鐘的聲音響遍整個村莊或社區；小鐘的聲音在修習中心內到處都聽得到，可以用來在活動前集合大眾。禪堂內的磬是用來幫助我們修習呼吸和坐禪的。還有一種迷你鐘，非常小、可以放在口袋裡的鐘，無論到哪裡都可以隨身帶著。

行禪

行禪，即是在走路時就享受走路。無論到哪裡都可以修習行禪，即使是由停車處走到辦公室，或者是由廚房走到客廳。梵文 apranihita 的意思是無願或無作。我們修習行禪的時候，我們以這種精神行走。除了正在走的這一步以外，沒有特定的目的地。走路就只是享受走路。

給自己足夠的時間修習。讓自己有九至十分鐘，而不只是三分鐘。行禪就好像吃東西一樣，如果我們走得很快，心中充滿焦慮與悲傷，走路就變成了垃圾食物。行禪應該是一種滋養身心的食糧。我們可以享受周圍的景象聲音，為什麼要匆匆忙忙呢？我們最終的目的地，只不過是墳墓而已。為何不享受每一個步伐、每一個時刻？不要掙扎，每一步帶你回到家，回到此時此地。生命只在當下，我們已經到了。

我們為過去、現在、未來一切眾生而走。不能走路的人，你可以選擇一些你做得到的動作，例如轉動輪椅或者慢慢移動身體時配合呼吸。一個安寧平靜的動作，就可以為你帶來祥和安靜。

五種覺察

我們覺知歷代祖先、所有後代都是我們的一部分。

我們覺知祖先、子孫對我們的期望。

我們覺知自己的喜悅、平安、自在、和諧，也是祖先和子孫的喜悅、平安、自在、和諧。

我們覺知理解是真愛的基礎。

我們覺知埋怨與爭論永遠於事無補，卻會在我們之間製造巨大的分歧。只有理解、信任、慈愛能夠幫助我們改變和成長。

我已到了

我們修習「我已到了」。吸氣的時侯，回歸依止自己的呼吸，心中念：「我已到了」。走一步的時候，回歸依止自己的步伐，

心中念：「已到家了」。這樣「念」不是給自己或他人的聲明。「我已到了，已到家了」的意思是不再奔波，我已到了當下此刻，因為生命只在此刻。吸氣的時候，我依止自己的呼吸，深刻感受生命。當我走一步的時候，我完全依止自己的步伐，我也深刻感受生命。如此，我停下來，不再奔走了。

停止奔波是非常重要的修習。我們一輩子都在忙碌，以為平安、幸福、成功在別處、在未來。我們不知道平安、幸福、穩定，這一切都可在此時此地找到。此時與此地的交匯點，就是生命的地址。

當我們修習「我已到了，已到家了」，每一刻我們都到達了。我們真正的家是當下此刻，當我們深刻地進入當下，內心的悲傷與愧疚消失了，我們發現生命是如此美好。

假如你是一位詩人，你會在這張紙上清楚地
看到雲捲雲舒。

—— 一行禪師

溫暖人間系列 10

呼吸日記

Breathe – A Thich Nhat Hanh Journal

作者
一行禪師

譯者
士嚴 楊一遙

責任編輯
甘文

美術設計
三原色創作室

出版者
知出版社
香港英皇道499號北角工業大廈18樓
電話：（852）2138 7998
傳真：（852）2597 4003
網址：http://www.formspub.com
　　　http://www.facebook.com/cognizancepub
電郵：marketing@formspub.com

發行者
香港聯合書刊物流有限公司
香港新界大埔汀麗路36號
中華商務印刷大廈3字樓
電話：（852）2150 2100
傳真：（852）2407 3062
電郵：info@suplogistics.com.hk

承印者
中華商務彩色印刷有限公司
香港新界大埔汀麗路36號

出版日期
二零一四年四月第一次印刷

ISBN 978-988-8178-99-5
Published in Hong Kong

知出版社
COGNIZANCE PUBLISHING

上架建議：(1)宗教　(2) 心理勵志